BEI GRIN MACHT SICH IHR
WISSEN BEZAHLT

AF168053

- Wir veröffentlichen Ihre Hausarbeit,
  Bachelor- und Masterarbeit

- Ihr eigenes eBook und Buch -
  weltweit in allen wichtigen Shops

- Verdienen Sie an jedem Verkauf

Jetzt bei www.GRIN.com hochladen
und kostenlos publizieren

Psychologische Beratung und Berufsethik

Bibliografische Information der Deutschen Nationalbibliothek:

Die Deutsche Nationalbibliothek verzeichnet diese Publikation in der Deutschen Nationalbibliografie; detaillierte bibliografische Daten sind im Internet über http://dnb.d-nb.de abrufbar.

ISBN: 9783346242310
Dieses Buch ist auch als E-Book erhältlich.

© GRIN Publishing GmbH
Nymphenburger Straße 86
80636 München

Druck und Bindung: Books on Demand GmbH, Norderstedt Germany
Gedruckt auf säurefreiem Papier aus verantwortungsvollen Quellen

Das vorliegende Werk wurde sorgfältig erarbeitet. Dennoch übernehmen Autoren und Verlag für die Richtigkeit von Angaben, Hinweisen, Links und Ratschlägen sowie eventuelle Druckfehler keine Haftung.

Das Buch bei GRIN: https://www.grin.com/document/907708

Fallaufgabe

"Psychologische Beratung und Berufsethik"

23.04.2017

Inhaltsverzeichnis

1 Aufgabe 1 – Theoretische Grundlage der Beratung

1.1 Vergleich zweier Beratungsansätze

Im Abbildung 1.1 werden die Kernpunkte des klientenzentrierten und systemischen Ansatzes gegenübergestellt und anschießend näher erläutert.

	Beratungsansätze im Vergleich	
	Klientenzentrierter Ansatz	**Systemischer Ansatz**
Ausrichtung	humanistisches Menschenbild	systemsicher Fokus
Verteter	Carl R. Rogers, Abraham Maslow	Gregory Bateson, Paul Watzlawick (Palo Alto School)
Basis	Psychotherapie	Systemische Therapie
Orientierung	gesprächs-/personzentriert, individualistisch, ressourcenorientiert	system-, umweltorientiert
Zentrale Idee	Holistische Betrachtung des Menschen Förderung der Selbsterfahrung	Interdependenz: Individuum und System Fokus auf das "Warum?"
Grundannahmen	Autonomie, Streben nach Unabhängigkeit	Systeme sind dynamisch, Veränderung findet statt
	Selbstverwirklichung und Wachstumsbedürfnis; Entwicklung der Schöpfungskraft	Zusammenhänge basieren auf zirkularer Kausalität; Selbstrückbezüglichkeit bzw. Selbstreferenz
	Aktives Selbst zur Selbstbestimmung, -verantwortung und Entwicklung	Beziehungen innerhalb des Systems sind anders; Abgrenzung zwischen System und Außenwelt
	Einheit/Ganzheit: Mensch, Gefühl, Vernunft, Leib, Seele	Dynamik des Systems: Whlg von Verhaltenszyklen verursachen Stabilität
	nicht nur materielle Existenz sichernd, Ziel- und Sinnorientierung	Streben nach Homöostase um das System im Gleichgewicht zu halten
Ansatz und Kernpunkte in der Beratung	Entwicklung der Persönlichkeit	Fokus auf die Strukturen des Systems (um sie aufzubrechen)
	Förderung der Selbstaktualisierung und Ressourcen	Verhaltensänderung des Individuums und der Systemteilhaber
	Individualismus, Freiheit	Kommunikationsfokus , -muster
	Auseinanderstetzung mit eigenen Emotionen	Störung des Systems durch den Berater (Ungleichgewicht)
	Kongruenz	Sicht auf Struktur und Förderung des Dialogs
Klient/Coach	Gleiche Ebene	Gleiche Ebene
Techniken der Beratung	Aktives Zuhören	Zirkuläres Fragen
	Paraphrasieren	Reflecting Team
	Positive Wertschätzung	Reframing
	Echtheit (Selbstkongruenz)	Familienanamnese
	einfühlendes Verstehen (Kongruenz)	Genogramme
	Empathie	Paradoxe Verschreibungen
	Authentizität	Der leere Stuhl
	emotionale Wärme (Akzeptanz)	Rollenspiel

Abb.: 1.1 Klientenzentrierter und Systemischer Ansatz im Vergleich (eigene Darstellung)

Der **klientenzentrierte Ansatz** folgt dem humanistischen Menschenbild und basiert auf der Psychotherapie. Bekannte Vertreter dieses Ansatzes sind Carl R. Rogers und Abraham Maslow. Seine zentrale Idee liegt in der holistischen Betrachtung des Menschen. Der Mensch, mit seinen Emotionen, seinem Verstand, Körper und Geist, wird als eine Einheit wahrgenommen. Der Ansatz ist gesprächs- und personenzentriert, individualistisch und ressourcenorientiert ausgerichtet und folgt der Grundannahme der Autonomie des Menschen, welcher selbstverantwortlich handelt. Dieser Ansatz geht davon aus, dass der Mensch nach Wachstum, Selbstverwirklichung, Selbstbestimmung und Entwicklung seines Selbst strebt. Es wird davon ausgegangen, dass der Mensch nicht nur nach seiner materiellen Existenz, sondern auch nach Sinnhaftigkeit strebt. Die klientenzentrierte Beratung fokussiert auf die Entwicklung der Persönlichkeit, versucht die Förderung der Selbstaktualisierung unter der Selbstakzeptanz und unterstützt das Bestrebens nach Freiheit und Unabhängigkeit. Der Berater und Klient stehen auf der selben Ebene. Techniken, die in Klienten zentrierten Beratung zum Einsatz kommen, sind Aktives Zuhören und Paraphrasieren sowie Ressourcenaktivierung. Empathie, Kongruenz und gegenseitige Akzeptanz und Wertschätzung sind wichtig in der Begegnung. Der **Systemische Ansatz** entstammt der Palo Alto Schule, dessen Vertreter unter anderem Gregory Bateson, Virgina Satir und Paul Watzlawick sind. Die Systemische Therapie orientiert sich an der Umwelt, in dem das Individuum sich aufhält, und die daraus folgenden systemischen Auswirkungen und Interdependenzen. Es wird davon ausgegan-gen, dass die Zusammenhänge eine zirkulare Kausalität haben. In der Dynamik des Systems garantieren Wiederholungen von Handlungen Sicherheit und Stabilität. Das Streben nach Homöostase ist zentrales Ziel, um das System im Gleichgewicht zu halten. Innerhalb des Systems, sind die Beziehungen anders als jene zur Außenwelt. Es findet eine Abgrenzung zwischen dem System und der Außenwelt statt. Die Beratung fokussiert auf die Strukturen des Systems, um diese aufzubrechen, beispielsweise schon durch den Berater, der interagiert und das System stört. Eine Verhaltensänderung der Systemeigner und der Individuen im System wird angestrebt. Techniken der Beratung sind getragen von Kommunikation und allen voran der Frage nach dem „Warum?". Mit zirkulärem Fragen können, durch Perspektivenwechsel andere Anschauungen angestoßen werden. Ferner sind Techniken, wie das Reflecting Team, Rollenspiele, Reframing, Genogramme oder die Familienanamnese Möglichkeiten, das System zu begreifen und aufzubrechen. Berater und Klient stehen auf der selben Ebene (vgl. Martens, 2016, S. 43ff).

1.2 Beratungsansatzempfehlung für die Beratungsstelle

Unter der Annahme, dass der Hauptfokus der Erziehungs- und Familienberatungsstelle auf Themen mit dem Schwerpunkt Familienarbeit, Gewalt in der Familie und multi-kulturelle Vielfalt liegt, wird die Vertretung des Systemischen Ansatzes empfohlen. Die Zielgruppe sind einerseits einkommensschwache Arbeiterfamilien mit ausländischen Hintergrund und andererseits einkommensstärkere Familien, welches sich in der statt-findenden Gentrifizierung im Stadtviertel Oberblik vollzieht (vgl. Punkt 5.1). Das adressierte Setting sind einerseits die Familie und andererseits das Stadtviertel. Beide Settings sind Systeme in denen entsprechende interne Gesetzmäßigkeiten herrschen. Begründet ist die Empfehlung des systemischen Ansatzes auch aufgrund wissenschaft-licher positiver Evaluationsergebnisse in Bezug auf die Wirksamkeit des systemischen Ansatzes in dieser Konstellation (vgl. Martens, 2017a, S. 44). Anhand des Beispiels „Scheidung und Auswirkung auf das Wohlbefinden des gemeinsamen Kindes" wird das Vorgehen exemplarisch skizziert. Eine Familie durchlebt die Auswirkungen der Scheidung der Eltern, welche sich aufgrund der Auseinandersetzungen der Eltern, auf das Kind, negativ auswirkt. Die Mutter kontaktiert die aufsuchende Beratung, um in dieser Krisen-situation Hilfestellung zu erlangen. Mittels des systemischen Ansatzes, kann ein professionelles Problemlösen angestrebt werden. Das System Familie wird als Ganzes durchleuchtet. Mit entsprechender Methodik (Visualisierung, Zirkuläres Fragen, Geno-gramme, Rollenspiele, Familienanamnese, Reframing) kann analysiert und strukturiert vorgegangen werden und eine ressourcenorientierte Lösung gefördert werden. Der Ansatz, welcher auf der Familientheorie, Familientherapie basiert, betrachtet nicht nur das Individuum, die Mutter, sondern die Auswirkungen innerhalb des Systems (das Kind, den Vater, involvierte Personen) und die Perspektive der Umwelt. Je nach Offenheit der Familienmitglieder, kann auch eine Gruppenberatung aufgebaut werden, ist aber nicht notwendig. Vorteil wäre, dass Änderungen im System leichter herbeigeführt werden können, wenn alle involviert sind. Wichtig ist auch eine multidisziplinäre Ausrichtung, wie im Kinder- und Jugendhilfegesetz (KJHG) vorgeschrieben wird, welche pädagogisch orientiert ist und den Anspruch auf Hilfe in der Erziehung sicherstellt, damit das Wohl-befinden des Kindes, welches der Leidtragende ist, nicht gefährdet wird. Ziel der inte-grierten Beratung ist die Konfliktlöse- und Versöhnungskompetenz aufzubauen und zu erweitern (vgl. Martens, 2016, S. 27f).

2 Aufgabe 2 – Auswahl des Settings der Beratung

2.1 Beratungskonzeptvorschlag

Vor dem globalen Hintergrund des gesellschaftlichen Wandels, dem aufkommenden Individualismus, welcher stark mit dem Beratungs- und Psychotherapiebedarf korreliert, (vgl. Martens, 2017b, S. 63) und der städtebaulichen Ausrichtung des Quartiers (siehe Punkt 5.1) wird folgendes Konzept vorgeschlagen: Das Beratungskonzept soll Stabilität und Sicherheit vermitteln und Antwort auf die Verunsicherung in einer sich schnell wandelnden Zeit geben. Das Beratungskonzept steht für Offenheit und Konsens in einem diversen, multikulturellen und dynamischen Umfeld zur Förderung des Gemeinsamen und des Wohlbefindens. Das **Leitbild** bzw. die **Mission/Vision** wird wie folgt vorgeschlagen: *„Wir beraten Familien, Kinder und Jugendliche aller Kulturen in Not. Jedes individuelle Anliegen unterliegt unserer bedingungslosen professionellen und gleichberechtigten Unterstützung. Kinder, die hilfloser als Erwachsene sind, beziehen wir besonders ein, damit sie unbeschwert und unversehrt erwachsen werden können. Wir richten uns an alle Kulturen und Gesellschafts-schichten und stellen das Gemeinsame und Verbindende in den Vordergrund."* Entsprechende Imagekampagnen sind durchzuführen, um die Umsetzung zu fördern.

Zielgruppe: Wir richten uns an Kinder, Jugendliche, Eltern und das Konglomerat Familie. Einerseits ist das Ziel das Gemeinsame und andererseits ist das Ziel das Individuum mit seinen speziellen Bedürfnissen. Kultur- und Schichtenunterschiede in der Betreuung gibt es nicht. Wir fördern die Gleichheit und die Integration.

Ferner gilt es die institutionellen, sachlichen und methodischen **Rahmenbedingungen** vorab zu definieren. Die Arbeiterwohlfahrt ist Spitzenverband der deutschen Wohlfahrts-pflege. Dieser institutionelle Rahmen bleibt unverändert. Es gilt jedoch darauf zu achten, dass der Träger der Arbeiterwohlfahrt, sich auch an andere Schichten in diesem Viertel wendet, da Gentrifizierung stattfindet, und nicht lediglich die Arbeiterschichten das Zielpublikum sind. Dies gilt es in der Imagekampagne, mittels Offenheit für alle Schichten explizit zu fördern. Vorgeschlagen wird, dass der Name des Trägers AOW in den Hintergrund tritt, und der Name der Beratungsstelle zielgruppengerecht ausgerichtet wird, beispielsweise: „Kinder – Teens – Erwachsene - Beratung ohne Grenzen" um ein neutrales und offenes Weltbild zu repräsentieren. Der sachliche Rahmen ordnet die Ausstattung und den Ort der Beratungsstelle. Aufgrund der Historie des Stadtviertels, wo sich Familien, Kinder und ‚Jugendliche, vor allem in den familientraditionsbewussten Kulturen untereinander kennen, wird das Konzept der aufsuchenden Beratung vorgeschlagen um Anonymität gewährleisten zu können. Die Beratungsstelle sollte auch Räumlichkeiten für Vorträge und Veranstaltungen haben und für jene, die Beratung außerhalb der eigenen vier Wände wünschen, auch ein Beratungszimmer, welches adaptiv und modular sein sollte, um Kinder, Jugendliche und Erwachsene gleichermaßen anzusprechen. Vorträge und Veranstaltungen in den eigenen Räumlichkeiten dienen auch als Imagebildung. Die ungezwungene Teilnahme an Themenvorträgen ermöglicht es potentiellen Klienten, einen ersten Kontakt mit der Beratungsstelle zu etablieren und Vertrauen zu bilden. Ausdrücklich zu erwähnen ist die digitale Ausrichtung. Um Zugang zu den Kindern und Jugendlichen zu fördern, werden neue, soziale Medien miteinbezogen. Mittels Chat-Einrichtungen, sozialen Plattformen und einer Hotline sollen vor allem Jugendliche angesprochen werden, um ungezwungen Kontakt aufnehmen zu können. Das methodische Vorgehen in Bezug auf die Beratungstätigkeit ist grundsätzlich individuell an den Klienten und die Situation und das System anzupassen. Eklektizismus in der individuell zugeschnittenen Methodenanwendung spielt hier eine große Rolle. Grundsätzliches, wie Informationen über den Berater, die vertragliche Gestaltung, der Abschluss oder die ethischen Richtlinien sind einheitlich zu gestalten, um ein gemeinsames Bild und Auftreten zu gewähren. Zur Sicherstellung des Qualitätsstandards der Beratungsstelle bedarf es an einer standardisierten Evaluation in Bezug auf die Struktur, Prozesse und Ergebnisqualität.

Das **Beratungsangebot** ist auf die Zielgruppen (Kinder, Jugendliche und Konglomerat Familie) ausgerichtet. Das Angebot richtet sich an das Individuum (Kind, Jugendlicher, Erwachsener), das Setting (Familie) und an gleichartige Gruppen (Kinder, Jugendliche, Familien) und ist jeweils auf primäre, sekundäre und tertiäre Prävention ausgerichtet:

Kinder - „Kindeswohl stärken": Das Angebot spannt den Bogen über Kooperationen mit Kindertagesstätten und Schulen und Kindertreffs um präventiv die Unterschiedlichkeit der Kulturen und Schichten zu fördern. Professionell geschulte psychologische Berater beraten Kinder in deren Anliegen.

Jugendliche – „Soziale Kompetenz statt Technik und Gewalt": Das Angebot fördert präventiv das Erlernen sozialer Kompetenz, den Umgang miteinander, das Meistern der Pubertät und schwieriger Elternverbindungen bis hin zur Berufswahl und Ausbildungs-unterstützung. Psychologische Beratung kann mittels anonymer Hotline, Chatforen oder Beratung angefragt werden. Spezieller Fokus liegt am kulturellen Miteinander und im Umgang mit gesellschaftlichen unterschiedlichen Schichten und den Umgang mit Gewalt.

Erziehungsberechtigte / Eltern – „Starke Eltern – Starke Kinder": Das Konzept ist präventiv aufgestellt. Mit Elterntreffs, Vorträgen und Informationsveranstaltungen – kultur-offen und schichtenfrei - wird Präventionsarbeit geleistet. Die aufsuchende Beratung ist tragendes Konzept um die Anonymität sicherzustellen. Der systemische Ansatz wird vertreten.

3 Aufgabe 3 – Beziehungsgestaltung und Anamnese

3.1 Gestaltung der ersten Sitzungen der aufsuchenden Beratung

Beratung durchläuft mehrere Phasen, die je nach Umstand unterschiedlich lange dauern können. Diese erstrecken sich über die Klärungsphase, Beziehungsaufbau und Orientierung, Darstellung und Analyse des Anliegens, Zielsetzung, Fokussierung der Veränderung und Lösungsarbeit mit Maßnahmenplanung und Abschlussarbeit (vgl. Martens, 2016, S. 18f). Nachfolgend wird der Einstieg in die Beratung, anhand der ersten Phasen, dargestellt. Abschließend wird das Werkzeug der Anamnese näher betrachtet und erläutert. In der ersten Phase der Klärung, wird der Kontakt, eine vertrauensvolle Beziehung aufgebaut. Diese Phase dient dem Kennenlernen und der Synchronisation. Der Klient, welcher die aufsuchende Beratung initiiert hat, entscheidet sich ob eine konstruktive Zusammenarbeit möglich ist. Das methodische Vorgehen und Kennen von beratungsrelevanten Werkzeugen und Techniken, wie Rapport herstellen, das Definieren und Abgrenzen der Rollen, des Beraters und des / der Klienten um Transparenz und Klarheit zu schaffen. Es gilt abzuklären, dass der Berater nicht der Lösungsbringer ist, dass es an konstruktiver Mitarbeit bedarf oder dass der Aspekt der inhaltlichen Arbeit beim Klienten liegt. Der Berater ist Prozessbegleiter. Der Klient trägt die Verantwortung über seine Situation. Ferner ist es wichtige die Erwartungen des Klienten zu erfragen und gegebenenfalls klarzustellen, sollten sie den Rollen nicht entsprechen. Wichtig ist auch die Methodik, die eingesetzten Werkzeuge und organisatorische Rahmenbedingungen vorab zu klären (vgl. Martens, 2016, S. 8f). Im zweiten Schritt, wird Beziehungsaufbau gefördert und inhaltliche Orientierung etabliert. Zwischen Berater und Klient findet ein näheres Kennenlernen statt und der Klient beginnt, zuerst oberflächlich, seine Anliegen darzulegen. Zu Beginn jeder Beratung, steht also die Diagnose des Problems, welche eine Veränderung hervorbringt. Der Klient berichtet sein Problem aus seiner subjektiven Perspektive und gibt Hinweise seit wann das Problem besteht, wer davon betroffen ist und welche Auswirkungen damit zusammenhängen. In dieser Phase ist es wichtig, dass der Berater bereits auf emotionale Reaktionen achtet, welche sich im non und paraverbalen Äußerungen zeigen können. Der Berater kann interagieren, und Fragen zur Problementstehung, zu den Gefühlen und Beweggründen des Klienten stellen. In dieser Phase ist die Kompetenz des Beraters zur Erfassung der Problemsituation, zur Beschreibung und Analyse unabdingbar.

3.2 Anamnese

Diagnostik ist Erkenntnisgewinnung. Dazu eignet sich eine un- oder teilstandardisierte biografische (allgemeine) Anamnese, um Klarheit über die Entstehung des Problems zu erlangen und den Rahmen, in der der Klient eingebettet ist, zu erfassen. Sie dient dazu, um alltagspsychologische Erklärungsmuster des Klienten zu erfassen (vgl. Martens, 2016, S. 24). Diese Eigenanamnese dient zum Informationsgewinn um ein umfassendes Bild der des Problems zu erlangen und ist sozusagen Grundlage zur Diagnose um konstruktiv darauf lösungsorientiert arbeiten zu können. Wie eingehend erwähnt, wird folgend exemplarisch eine teilstandardisierter Anamnese Fragebogen dargestellt, welcher folgende Fragen enthalten kann, die situativ ergänzt oder reduziert werden können:

Allgemeiner Teil: Leitfadenfragen zur Person

o Fragen nach Namen, Geschlecht, Adresse, Nationalität, Familienstand, Kinder, Elternhaus, Geschwister, ...

o Fragen warum die Beratungsstelle aufgesucht wurde (Empfehlung, Werbung)

o Erwartungen des Klienten an die Beratung

Biografischer Teil: Leitfadenfragen zum Problem

o Allgemeine Problembeschreibung durch den Klienten (Geschichte, Entwicklung)

o Warum kommen sie jetzt zur aufsuchenden Beratung?

o Wann trat das Problem zum ersten Mal auf?

o Wann tritt das Problem gehäuft auf?

o Kennen Sie das Problem auch in anderen Zusammenhängen?

o Welche Schlussfolgerungen machten sie bisher, zur Entstehung des Problems?

o Welche Folgen hat das Problem?

o Was sagen Familienmitglieder, Freunde oder Bekannte zu dem Problem, dessen Ursachen und Entstehung?

o Fragen zum Gefühlszustand (Aussichtslosigkeit, Traurigkeit, Mutlosigkeit, ...)

Sozial- und Familienaspekt: Leitfadenfragen zur sozialen und familiären Situation

o Beinhaltet Fragen nach Beruf, Bildungsweg, sozialem Status (Freunde, Bekannte) und Beziehungen, Partnerschaft (Ehe), Religionszugehörigkeit, kulturellen Begebenheiten, soziale Position

o Familie: Geburtsdaten, Krankheiten, Todesfälle

o Fragen nach Krankheiten und körperlichen oder psychischen Einschränkungen

Abb.: 3.1 Anamnese Leitfragen (eigene Darstellung)

Aufgrund des Settings und des umgebenden Systems kann die Familienanamnese von Vorteil sein, um die Gegebenheiten, in der der Klient eingebettet ist, erkennen zu können (vgl. Martens, 2016, S. 51).

3.3 Beraterkompetenzen

Je nach Fragestellung und Beratungsfeld werden Kernkompetenzen angesprochen. Voraussetzung ist entsprechendes Sach-, Institutions- und Prozesswissen. Der Berater bedarf des Wissens über das Familiensystem, der Netzwerke und Systematik der Einbindung der Familienmitglieder und deren kulturellen und werte Hintergründe. Prozesswissen, wie Kommunikation und systematische Familienberatung und der Anamnesedurchführung (vgl. Martens, 2016, S. 21ff.). Softfähigkeiten sind beispielsweise interpersonelle Fähigkeiten des Beraters, wie das Zuhören, Paraphrasieren, Verbalisieren von nicht sprachlichen Ausdrücken, wie Körpersprache, Sprechtempo oder Tonfall, Rapport-Bildung und transparente und partnerschaftliche Kommunikation um aktive und strukturierte Gesprächsführung zu ermöglichen.

Beziehungsgestaltung ist wesentliche Kompetenz. Persönliche Überzeugung und Einstellung gegenüber Klienten ist unabdingbar. Der Berater verfügt über konzeptionellen Fähigkeiten, um die Situation und soziale Systeme zu verstehen und Lösungen anzustoßen, ferner die Fähigkeit die Ressourcen des Klienten aufzudecken und zu stärken. Ressourcen- und Lösungsorientierung sind tragende Kompetenzen. Die persönliche Integrität, Authentizität und Kongruenz ist ein tragender Erfolgsfaktor. Die Fähigkeit zur Inspiration und Motivation des Beraters fördert die Anregung zur Entwicklung von Problemlösungen. Ferner sind persönliche Stärke und Stabilität des Beraters unabdingbar. Neutralität und Allparteilichkeit sowie Abgrenzung ist Voraussetzung (vgl. Martens, 2017b, S. 18ff). In Bezug auf die Anamnese ist hervorzuheben, dass der Berater die Fähigkeit zur wirksamen Fragenformulierung und –stellung besitzt. Der Berater muss sich auch über kognitive Verzerrungen, wie Kompensation, Verschiebung, Fantasie oder Introjektion, Rationalisierung, Regression, Sublimierung und das Ungeschehen machen bewusst sein (vgl. Martens, 2017b, S. 24f.).

4 Aufgabe 4 – Ethische Überlegungen

Das Kinder- und Jugendhilfegesetz (KJHG, SGB VIII) regelt die Rechte der Kinder und Jugendlichen auf Erziehung in Form von psychologischer und pädagogischer Unterstützung. Es regelt beispielsweise die Förderung von Familien, Erziehungshilfen, Inobhutnahme, Vormundschaft minderjähriger Kinder oder Jugendlicher (vgl. Martens, 2016, S. 4). Grundsätzlich ist Verschwiegenheit Voraussetzung in der Beratung. Die Vertraulichkeit der Daten und das Wahren der Privatsphäre sind unabdingbar. Sieht der Berater sich verpflichtet Informationen an Dritte weiterzugeben, muss grundsätzlich der Berater den Klienten darüber aufklären, welcher damit auch einverstanden sein muss. Der Klient gewährt folglich dem Berater eine Verschwiegenheitspflichtentbindung. Eine Ausnahme stellt der Informationsweitergabe an Dritte stellt unter anderem die Kindeswohlgefährdung dar. Der Berater unterliegt einer Offenbarungspflicht, welche die Verschwiegenheitspflicht außer Kraft setzt. Ist Gefahr in Verzug, kann der Berater, auch ohne die vorab Aufklärung des Klienten. Dadurch ist das Vertrauen zum Klienten gestört, jedoch darf keine Person einer Gefahr ausgesetzt werden. Der Berater hat zu versuchen, zu eruieren, ob es Möglichkeiten gibt, ohne Gefährdung des Kindes, dies mit dem Klienten vorab zu besprechen, oder wenn nicht, die Meldung ohne Einbindung des Klienten zu machen. Die strafrechtlichen Offenbarungspflichten sind im StGB,, §§ 138, 139 Abs. 3, S. 2 aufgeführt (vgl. Martens, 2017b, S. 57f). Es scheint, aufgrund der wiederholt auftretenden frischen Wunden, Kindesmissbrauch vorzuliegen. Der Berater, nach Abwägen der Rechtsgüter, muss im Sinne Dritter handeln, in diesem Falle zum Wohle und Schutz des Kindes (vgl. Martens, 2016, S. 21). Das KJHG hat zum Ziel, die Partei für das Kind zu ergreifen um es zu schützen vor etwaigen

Misshandlungen oder Missbrauch. Ferner zielt es darauf ab, die Verbesserung der Lebenssituation zu gestalten und dabei mitzuwirken (vgl. Martens, 2017a, S. 40). Grundsätzlich bedarf jede Beratung der Sicherstellung ethnischer Grundlagen, wie die Autonomie, die Unschädlichkeit, die Wohltätigkeit, die Gerechtigkeit und die Vertrauenswürdigkeit. Unschädlichkeit zielt darauf ab, keinen Schaden anzurichten. Es ist abzuwägen inwieweit der Klient selbst auch vom Missbrauch betroffen sein könnte und entsprechend zu handeln. Es muss darauf geachtet werden, dass das Wohlbefinden gefördert bzw. wiederhergestellt werden kann. Ferner ist darauf zu achten, ob der Klient in einer Krise steckt, welche den Rahmen der psychologischen Beratung sprengt und daher psychotherapeutische Unterstützung angeboten werden muss (vgl. Martens, 2017a, S. 20).

5 Aufgabe 5 – Präventionsangebote

5.1 Rahmenbedingungen Quartier Oberblik

Der Stadtteil Oberblik von Düsseldorf ist ein dicht besiedelter Bezirk und liegt in der Nähe des Stadtzentrums. In diesem Stadtteil, dem ehemaligen Güterbahn-Areal Lierenfeld, südöstlich des Düsseldorfer Hauptbahnhofs, dem sich die Düsseldorfer Innenstadt anschließt, gibt es rege Bautätigkeit. In der Vergangenheit prägten das Stadtviertel die Eisen- und Stahlindustrie, also ein Arbeiterstadtteil, welcher durch die letzten Schließungen in den 80er Jahren einen Strukturwandel durchläuft. Heute erlebt Oberbilk einen Wandel. Mit dem Neubau des Amts- und Landgerichts und der Entstehung neuer Wohngebiete entwickelte sich ein Wohn- und Arbeitsstandort, der ständig an Attraktivität gewinnt. Ursprünglich, durch das niedrige Mietniveau war der Stadtteil für Einwanderer aller Kulturen beliebt. Der Strukturwandel führt zu Veränderungsprozessen in der ansässigen Bevölkerung, da diese durch einkommensstärkere Schichten mit höheren Status durchmischt werden. Diese Gentrifizierung und der Strukturwandel ist im Präventions- und Informationsangebot entsprechend zu berücksichtigen.

5.2 Gewalt in der Familie

Kinder und Jugendliche sind mehr als andere Gruppen der Gesellschaft von Gewalt betroffen. Gewalt gegen Kinder kann körperliche oder emotionale Misshandlung, Vernachlässigung und sexueller Missbrauch sein. Da Gewalt gegen Kinder am häufigsten in engen (Bindungs-) Beziehungen bzw. in der Familie stattfindet richtet sich das Präventionsangebot nicht nur direkt an Kinder und Jugendliche, sondern auch an die Familien. Denn Gewalt an Kindern und Jugendlichen kommt in Familien mit selbst betroffenen Eltern oder Familienmitgliedern hauptsächlich vor. Gewalt gegen Kinder hat psychische und gesundheitliche Folgen. Studien zufolge, ist Prävention effektiv. In Punkt 5.3 wird das Beratungsangebot dargestellt, mit Fokus auf spezifischen Förderung elterlicher Beziehungs- und Erziehungskompetenzen (vgl. Ziegenhain et al., 2016, S. 44). Speziell auch im multikulturellen Stadtviertel Oberblik und aufgrund der Gentrifizierung, ist das Thema Gewalt auch innerhalb der Jugendlichen unterschiedlicher Nationalitäten von Relevanz und wird entsprechend angesprochen.

5.3 Informations- und Präventionsangebot

Prävention ist grundsätzlich Vorsorge bzw. Vorbeugung. Im gesundheitswirtschaftlichen Sinne entspricht dies der primären Prävention, die im Vorfeld versucht aufzuklären, um Schäden und Beeinträchtigungen vorzubeugen. Prävention findet jedoch auch auf sekundärer und tertiärer Ebene statt. Sekundäre Prävention zielt darauf ab, Klienten in aktuellen Herausforderungen oder Krisensituationen zu unterstützen und Tertiäre Prävention versucht die Zielgruppe, nach durchlaufender Krise, die Teilhabe am Leben, den aktiven Umgang mit den Problemen zu gestalten (vgl. Martens, 2017a, S. 28). Das für die Beratungsstelle entwickelte Angebot basiert auf den oben erwähnten 3 Präventionsstufen und richtet sich an Familien, Kinder und Jugendliche im Kontext mit Gewalt. Das in Abbildung 5.1 Überblicksmäßig dargestellte Angebot wird anschließend näher erläutert.

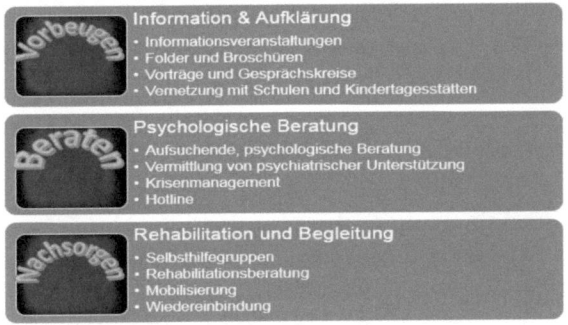

Abb.: 5.1 Informations- und Präventionsangebot (eigene Darstellung)

Vorbeugen – Primäre Prävention: Um Krisen erst gar nicht entstehen zu lassen, ist Prävention und Aufklärung durch Informationsveranstaltungen ein wertvoller Beitrag. Die Veranstaltungen mit Themen zu Gewalt in Familien und innerhalb von Jugendlichen und Kulturen werden in Gemeinschaftsräumen der Beratung und Kooperationspartner zielgruppenspezifisch angeboten. Folder und Broschüren, mit Präventionshinweisen, liegen in Schulen, Kindertagesstätten und bei Kooperationspartner im Stadtviertel auf. Sie können auch, bei Veranstaltungen oder als allgemeine Postwurfsendung verteilt werden. Weiters ermöglichen Themen- und Zielgruppenspezifische Vorträge und Gesprächsrunden, sich mit dem Thema

11

auseinanderzusetzten, Familien, Kinder und Jugendliche entsprechend aufzuklären. Präventive auf die Zielgruppe und das Thema ausgerichtete spezifische Maßnahmen können im Vorfeld Lebensbedingungen schafften, um Krisen zu vermeiden. Des Weiteren, kann Beratung selbst schon als Prävention angesehen werden.

Beraten - Sekundäre Prävention: Im Angebot steht die aufsuchende psychologische Beratung für Familien, Kinder und Jugendliche, die das Thema Gewalt ansprechen möchten. Anonymität im Stadtviertel ist oberste Priorität. Des Weiteren wird auch eine Hotline eingerichtet, für Personen, die den persönlichen Kontakt bei schwierigen Problemen scheuen. Als Fokusbereich wird spezielles Krisenmanagement für Akutfälle angeboten. Bei Bedarf, sollten die Grenzen der psychologischen Hilfestellung überschritten sein, wird psychiatrische Unterstützung vermittelt, durch Partnerstellen.

Nachsorgen - Tertiäre Prävention: Für Betroffene, die eine Herausforderung oder Krise meisterten, werden Selbsthilfegruppen und anonyme Treffen ermöglicht um sich entsprechend auszutauschen. Eine Nachsorgeberatung ermöglicht das Reflektieren und auch das Verhindern eines Rückfalles. Die Rehabilitationsberatung versucht verstärkt Ressourcen zu mobilisieren, Empowerment zu ermöglichen und die Wiedereinbindung und den Umgang mit der erlebten Krise oder Herausforderung zu meistern. Das Aufzeigen in der Nachsorge von neuen Perspektiven zielt darauf ab, Selbsthilfekräfte zu aktivieren.

Literaturverzeichnis

Martens, D. (2016). *Einführung in die Beratungspsychologie,* BPSYH01. Studienheft der APOLLON Hochschule der Gesundheitswirtschaft, Bremen.

Martens, D. (2017a). *Spezielle Beratungsansätze,* BPSYH02. Studienheft der APOLLON Hochschule der Gesundheitswirtschaft, Bremen.

Martens, D. (2017b). *Praxis der psychologischen Beratung und Berufsethik,* BPSYH03. Studienheft der APOLLON Hochschule der Gesundheitswirtschaft, Bremen.

Ziegenhain, U.; Künster, A.K.; Besier, T. (2016). *Gewalt gegen Kinder.* In: Bundesgesundheitsblatt 59, s. 44-51. Berlin, Heidelberg. Springer Verlag.

https://www.vivawest.de/mieten/schoeffenhoefe-duesseldorf.html

Abbildungsverzeichnis